På färd

På färd

Niclas Persson Tenhuinen

Grafisk form: Anna Ø. Forsberg.
Tryck: BoD – Books on Demand, Norderstedt, Tyskland.

Copyright: Veidarvon/Niclas Persson Tenhuinen 2023.
Utgivningsår: 2023.
Förlag: Veidarvon, Gävle.
ISBN: 978-91-982058-9-3

Omslagsbild:
Akvarell av Maria Norbäck, Torsby.

Innehåll

Förord

Ett långt liv präglat av sjukdom från tidiga år där otrygga förhållanden med flytt och ständiga anpassningar till nya miljöer växlades med förhoppningar om en idrottskarriär som snöptes i unga år. Drömmar om ett arbetsliv som hindrats av återkommande hälsobesvär.

Blandat med åren med många olyckliga personliga relationer har utgjort grunden för denna diktsamling, tillsammans med ett otämjt kärleksförhållande till livet självt och dess möjligheter med en envishet att utnyttja dessa till fullo genom en ständig nyfikenhet på nya miljöer och människor, kunskaper och upptäckter.

Insikter, iakttagelser och tankar om det yttre och inre livet, döden och den starka kärleken berättar om en rastlös själ, ständigt på färd.

Anna Ø. Forsberg
Förläggare och vän
Maj 2023

Vad är meningen?

Du gav mig liv
Varför vill du ta det åter?
Du går vid min sida
Helst i mjugg du låter mig lida

Varför gav du mig tid?
Om jag nu får råda
Du kan väl slå till
Om nu döden mig båda?

En plågoande är vad du är
Ett tryne av helvete du bär
Jag tror dig inte längre,
löften som av ren falskhet tär

Vad vill du med mig och min tid
Dina svar skallar tomt av tysthet vid

Jag ger upp inför dig,
vad har jag för val
Du får fortsätta att leka med mig
Men kan väl ända respektera mitt kval?

Vardagens vånda

Du går omkring i mörkrets korridorer,
för att tjäna ditt bröd och sörja för gråten

Du tänker din insats mest inget är tills,
eller tycker vägen av snårskog befinns

Men kom då ihåg,
att du redan har ljuset i ditt sinn,
kampen i din hand och
i dina fötter du fanan högt för fram

Du går stadigt mot framgångens hamn

Dig

Ibland är dina ögon som en ros,
ibland är dina ögon som en reptil,
din mun som den lenaste fönvind,
din mun som den hårdaste granit,
din fitta som en nästan torrlagd å,
din fitta som en väldig ocean

Ditt hjärta är alltid som en fågel som lyfter
mot skyn,
eller ett stilla vårregn som skänker kärlek där det går.

Du

Tänk att din aura kan vara så vid,
tänk att din personlighet ger en annan frid.

Ser dig i din dagliga strid,
Ser dig vacker även i mörkrets eller hettans tid.

Din passion och äkthet är ditt vapen,
både i sinnets och kroppens krig.

Du lever av barnens och arbetets eufori,
ur dessa din låga får näring.

Mörkrets krafter tar ibland din energi,
försoning med historien är din gärning,
och vägen till din nya regi.

Att förstå ... eller inte

Jag förstår inte dig

Du förstår inte mig

Men gör det någonting säger du?

Men det förstår du väl att det gör?

Men vad gör väl det?

Men det gör väl allt?!

Vi förstår varandra inte

Vem är du och vem är vi?

Vill ju veta vem du är?

Jag vet inte vem jag är

Var står vi nu?

Ja, inte vet jag - vad tycker du?

(...inte hela världen)

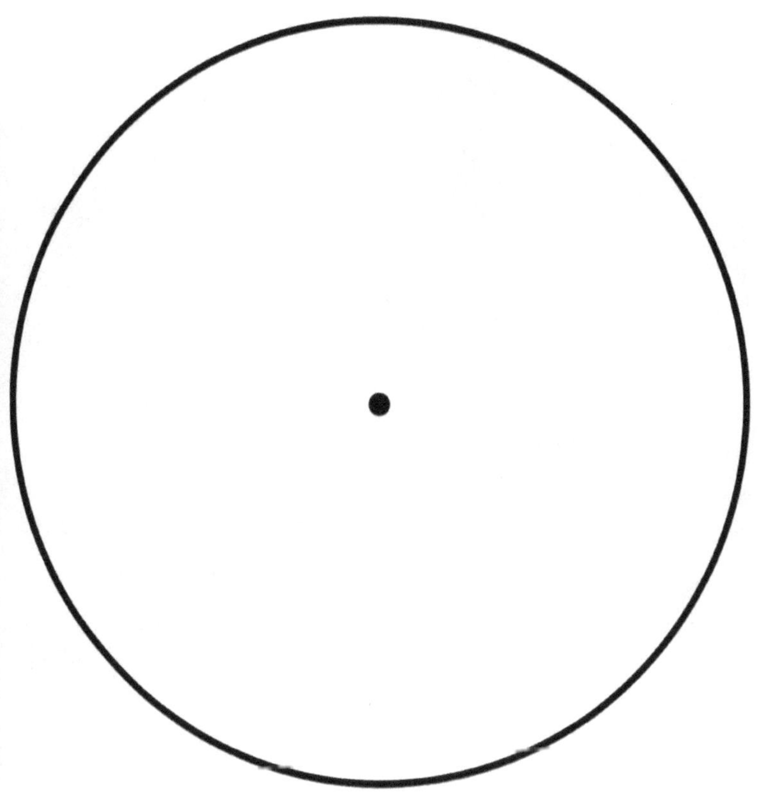

På färd

På drift till okänd strand
där ingen tycks följa i land
Vad kommer att hända…, kan man vända?

Tyst ljuder borden
likt de tomma orden
Finns där en skepnad, finns där fanfaren?

Allt är i dimma
Intet är dolt
Åter står frågor av oändlig låt

Svaren de siar i motsats, om sagolik ståt...
(.... till vilken nytta ?)

Sanning o konsekvens

Du: hur är det?
[tänker ... vill du ha ett seriöst svar?]

Jo, det går an!
[det går ju inte an skriker det inom mig!!]
Detta ständiga svek...
Att inte kunna ta sanningen
- nej, jag mår inte alls bra om jag ska vara ärlig

Tystnad… din blick börjar vandra

- Jaså, jaa man kämpar ju på varje dag
- jo, men det är ingen vanlig huvudvärk....
- ja, ja jo... jag förstår det ...

Tystnad

Vad gör du annars?
Jag svarar; inte mycket, det är knappt något jag orkar göra när jag
är så här
dålig...

Dagen som kom o gick

Så gick en dag ifrån mitt liv
Var den god eller ond, eller var den bara genomliden?
Kanske var det en dag jag inte minns
eller så var den dåligt beskriven
Huvet är tomt, kalendern likaså
vart tog du vägen... upp i det blå?
Dagen var med dagens egen rätt
på en plats i min tid...
den har ju ändå funnits där på något märkligt sätt?!
Ditt avtryck minst sagt ljummet är
Likt många andra dagar fullständigt försvunnen ...
det tär!

Universum 2.0

Digital fitta,
Optisk mus,
Jag skrollar dina läppar och ser in i ditt hus,
resan in i begynnelsens tempel

Där glänser av liv,
Där flödar av ljus,
Är det vintergatans stoff?
eller cybervärldens foster?
Nä, det är människans klimax i vår egen tid

Dualism

Vackert o fult

Liv och död,

Sommar o vinter,

Mening och meningslöshet

Likt myntets båda sidor,

Samsas på samma planet

I människa och natur, på en och samma gång

Vad är det för värld, vad är det för liv

Där döden finns för livets skull
och livet finns för andras dödliga önskan

Så fult o vackert på en och samma gång

Gryningstid

Hopp om liv

Hopp om ljus

Ännu en dag i människans hus

Mörkret skälver och morgonen gryr

Världen väntar på vardagsbestyr

Uppsala 93

Asfalt

Solen bränner som eld i pannan

Smärta... denna eviga smärta

Måste hem... måste! ...hem

Ett steg i taget - snart är jag där

Asfalt... asfalt

Ett steg igen... och ett steg till...herregud tar det inte slut...

Asfalt asfalt asfalt

Resa i tid o rum

Tjock dagg över äng,

Drömlandskap

Outgrundlig är världen…

Som en kvinnas fuktiga hår efter morgonsex

Vart är vi på väg…

Täcket - som havet, vått och varmt

Doft av tång och kärlek

Solen går upp

Arbetet kallar

Gryning

Leendet

likt vår stjärna,

med en strimma ljus

som ett löfte om en ny dag,

mot en annars mörk hamn

Vart kommer din livskraft från?

Inifrån, utifrån eller ingenstans?

De säger "det är vackrast när det skymmer",

Men inget slår en morgonstund,

kanske sprungen ur sin egen grund

Ett liv

Motstånd eller kamp

Att födas är kamp

Att växa upp är motstånd

Att utbilda sig är kamp

Att hitta kärleken är motstånd

Att leva som vuxen är kamp

Att skiljas är motstånd

Att dö är kamp och motstånd

Och allt däremellan är sorg och lycka?

Mening

vi söker ett svar
vi skjuter partiklar i Cern,
för att nå djupare inom oss...
vi skapar böner i kyrkan,
för att nå längre bortom oss...
vi mediterar i templen,
för att nå högre än oss...
vi vill ha ett svar,
vi vill få en mening
vi söker inom oss,
vi söker utanför oss,
vi söker bortom vår existens
vi är sociala
vi är relationer
vi är människa!
Kan svaret och meningen,
finnas i mötet mellan oss?
Vad finns i relationen mellan dig och mig?
Något stort,
...Kärlek
Kan det verkligen vara så enkelt??

Helvetet

På jorden lever helvetet,
Inom mig och inom dig
I mig är den som en eld som förtär mig
I en antikropp som förgör mig

Min kropp är förgripen,
min själ är våldtagen

Men kropp och själ är ett,
och i mig finns kampen,
gott mot ont
himmel eller helvete

Allt bor på jorden,

Allt finns i mig

Krig o fred

Lugnet slår ner som en bomb,
Var kom du ifrån?
Det pågår ju ett krig
Krig i min värld, krig i mitt inre
Stannar du en stund?
Du är en nomad,
Du lovar inget, det känner jag igen
Du kommer med hopp om frid och ro
Du och döden - lika som bär
Ger inga uppskov, ger inga löften!
Avskyr er, ni förstår inte livet
Fridsfurste eller döden
Den ene sägs segra i detta liv,
Den andre i nästa
Vem är vem ?
Det enda som är säkert,
Det är livet
Det är kriget

Höstsonat

Kanelbulle, morotsdricka,
tanke om liv.

Kafémiljö, folk passerar förbi
Döden betraktar i stolen bredvid
Disregnet lättar
Harmonin råder trots kris

Vi är överens han får bida sin tid

Dottern säger; klockan är mycket!
ICA härnäst

Stånd

Människa och man
Utsatta för press
Måste hålla stånd
Människa –
vad är det att vara människa?
Att vara ståndaktig?
Inför vad?

Alienation

Rörelse - människa i rörelse
Va kul hon rör på sig !
Kapital i rörelse, pengar i cirkulation
Värden skapas i kapitalets namn...
Så bra det rör på sig
Världen sätta i rörelse - alla är i rörelse
Öka tempot öka konkurrensen
Människa ska aldrig sitta still
Producera mera konsumera mera transportera mera ... till döds?
Kapitalismen kräver ökad konkurrens ökat tempo ökad konsum-
tion och ökad
exploatering ....
Å så bra det rör på sig
Att röra på sig kan aldrig vara fel...

Stopp

Alltid i rörelse - aldrig reflektera - alltid titta framåt
Ingen vila
Inget här och nu
Inte titta bakåt

Vad är det att vara människa?
Var är människan i detta?

Rörelse är bra - både för kropp och själ
Men inte för "människan" eller?
Att vara i rörelse - är kapitalismens dröm
"Människans" död?

Intermezzo

Visselpipa ljuder
Paus
Kö
Varför ställde jag mig här?
Väntan ...denna ständiga väntan - vad väntar vi på?
Korv med bröd
Varmt o gott - fan vad jag fryser

Åter på plats
Visselpipa ljuder

Finaste själ

Du är det första jag minns
Du är det största jag minns
Du är det sista jag minns,
men inte det minsta som finns

Du är det varmaste som känns
Du är det hetaste som tänds
Du är det kallaste som känns,
men inte det kyligaste som sänds

det är din personlighet som bränns ...

Vardag

Ont
Ont Ont
Ont Ont Ont
Ont Ont Ont Ont
Jävulskt Ont
Vidrigt Ont
Ont Ont Ont Ont...
Hjälp någon ta mig härifrån....
Jag går under ....
Jag tar mig härifrån!
Det måste bort ....
hjääääääällllllppppppp
Jag äts upp jag fräts upp
Jag går upp i atomer
Gör något... någon
Det finns ingen hjälp ....
Jag ger upp ......!

I väntan på vad

20 och väntar
30 och väntar
40 och väntar
50 och väntar
När kommer livet?
Du sa att jag blir bättre...
Jag lyssnade på dig
Men när kommer livet då?
Jag blir ju inte bättre...
Tiden går ...
Kommer livet snart?
55 och inget liv har kommit...
Vad ska jag göra?
Är det förbi?
Livet går aldrig i repris
Vänta aldrig på det
Lev idag, imorgon är det försent
Varför lyssnade jag på dig??
Jag bedrog mig själv

Urkraft

Du finska granit av betong du fick liv
bland stenar och sand, kranar och larm,
i en yta av stål,
du bergfast står

Jord och metall har yxat din kropp,
med fittan gjord i ädlaste hopp

Bröst och mun, likt fjäll och krater,
kan väcka din kraft till vulkaniska arter

Du järnkvinna stark med rötter i öster

Med hjärta av guld och smaragder till tröst
du lindrar den sargade själens röster

Utan titel

5.11
Blod i mun
Värk i rygg
Smärtor i mage
Torr
Blod i mun
.....
Toaletten
6.25
Smärta i mage
Värk i rygg
TORR
Aaaajjjjjj!

Toaletten
8.33
Blod i mun
Värk i rygg
Smärta i mage
.....
.....
12.47??
Blod överallt
God morgon
Ännu en dag

Tro, hopp och kärlek

Vad är tron utan tro
Vad är hoppet utan hopp
Vad är kärleken utan kärlek
Vad innebär att tro, jo att hoppas på kärlek
Kärleken inger hopp om att tro på en framtid

Men vad är kärleken utan hopp,
Jo, som ett hopp utan tro
Ett tomt och innehållslöst ord
Tro, hopp och kärlek eller död?

Eko

Ropar på farmor
Ropar på morfar
Vem är jag???

Det enda jag hör är min egen röst
Kanske ekot säger något
Är det tomt eller fyllt?

Identitet är som ett eko ....
Vem är jag

Slutet

Bryt upp, bryt upp alla själar till ära,
glöm bort den kropp som oss kort förära,
kroppen som fängelse för själen besvära

Flyg högt, flyg högt dit molnen förtära
själen dess boning bättre bemäla,
hemmet och himlen där ron sig bättre besjäla

Dags att sova, dags att sova i den eviga fridens våning
där själar förintas till eviga drömmars försoning

www.ingramcontent.com/pod-product-compliance
Lightning Source LLC
Chambersburg PA
CBHW031459130726
47989CB00003B/1461